ÉTUDE HISTORIQUE

SUR

M. VAUCHELLE

ÉTUDE HISTORIQUE

SUR

M. VAUCHELLE

PAR

M. PLOIX

Lu à la séance solennelle annuelle de la Société des Sciences morales, des
Lettres et des Arts, de Seine-et-Oise

LE DIMANCHE, 13 MAI 1860,

À L'HÔTEL-DE-VILLE DE VERSAILLES.

VERSAILLES

IMPRIMERIE D'AUGUSTE MONTALANT

6, Avenue de Sceaux, 6.

1860.

ÉTUDE HISTORIQUE

SUR

M. VAUCHELLE

Si c'est un devoir que tiennnent à remplir les Sociétés littéraires d'honorer la mémoire de ceux qui se sont associés à leurs travaux, ce devoir n'est-il pas à la fois plus impérieux lorsque celui qui en est l'objet s'est honoré par sa vie publique et s'est distingué par des services éminents rendus à sa ville natale et au pays tout entier ?

M. Vauchelle, dont nous déplorons la perte récente, appartient sans doute à Versailles, dont il fut l'administrateur; au département de Seine-et-Oise, dont il fut le conseiller-général; à l'État, dont, à divers titres, il fut un éminent fonctionnaire; nous pouvons dire qu'il appartenait aussi à notre Société. Dans ses séances solennelles, vous avez entendu et applaudi deux pièces de vers qu'il vous a lues, l'une sur la guerre de Crimée, l'autre sur le Progrès, œuvres dans lesquelles la langue poétique donnait par sa bouche des leçons de patriotisme et de bon sens.

Ce n'est pas que des paroles dignes et touchantes n'aient été prononcées sur sa tombe, mais rapides comme le sentiment du coup qui venait de le frapper, brèves comme l'effusion de la douleur, elles n'ont pu que rappeler les principales époques de sa carrière militaire et civile, et reproduire les traits généraux de son caractère, sans pouvoir peindre l'homme tout entier. Nous sommes loin d'avoir cette prétention ; mais, admis pendant quelques années à participer à ses travaux, aidé de notes trop rares échappées à sa plume et de quelques souvenirs d'amis qui lui furent chers, nous pourrons encore consigner dans cet essai quelques traits nouveaux qui, en honorant le citoyen, honorent aussi la ville qui l'a vu naître, qu'il a aimée, qu'il a servie, et dans laquelle il a voulu mourir.

André Vauchelle est né à Versailles le 28 janvier 1779. Son père, chef du bureau de l'Artillerie et du Génie au ministère de la Guerre, se distinguait et par ses qualités personnelles qui le portèrent, en 1790, à la première assemblée municipale élective de cette ville, et par l'amitié intime qui l'unissait à Ducis, dont il était le confident comme poète et quelquefois le conseil. André Vauchelle fut élevé au collége que Versailles possédait alors, il fut un de ses lauréats, et, quoique la tourmente révolutionnaire ait interrompu le cours complet de son éducation, il conserva toute sa vie de ces premières études et de ses relations de famille, ce goût des lettres et des arts, dont l'orateur romain a peint en termes si éloquents les avantages précieux, plus nécessaires peut-être encore aux époques et dans les sociétés agitées où les existences incertaines trouvent en les cultivant une distraction dans la fortune, une jouissance et une consolation dans les revers.

La carrière des jeunes gens était alors aussi aventureuse que la société elle-même. Né avec une imagination vive, une volonté forte, un caractère énergique qui eussent pu l'égarer s'il n'avait trouvé un frein puissant dans la tendresse respectueuse qu'il eut toujours pour ses parents, M. Vauchelle eût probablement été militaire quelques années plus tôt, lorsque les bataillons de volontaires choisissaient eux-mêmes leurs officiers, ou, quelques années plus tard, lorsque les écoles s'ouvraient à la jeunesse instruite et bien élevée.

Son choix ou le hasard le fit entrer dans les bureaux de l'Administration militaire et le plaça bientôt dans les rangs de ces fonctionnaires qui, sans aspirer à la gloire brillante des hommes d'épée, en sont les indispensables auxiliaires et partagent leurs travaux, leurs fatigues et souvent leurs dangers. Ce fut ainsi qu'il parcourut la Suisse, la Hollande, l'Allemagne et l'Italie, profitant de ses voyages pour apprendre à fond les langues les plus répandues du continent, utilisant l'instruction acquise pour se créer, dans les haltes forcées faites dans les pays conquis, des ressources financières que l'État quelquefois ne lui fournissait pas ; toujours dévoué, toujours infatigable, ignorant lorsqu'il le fallait le sommeil et le repos, communiquant à tous ceux qui l'entouraient l'ardeur dont il était animé, et ne craignant pas, par son attachement à ses devoirs, de heurter parfois des officiers supérieurs qui, plus tard, quand la voix des passions eut cessé de se faire entendre, lui apprirent, en lui offrant leur amitié, qu'il avait, tout en blessant leurs intérêts privés, conquis leur sympathie et leur estime.

Il fit partie, en 1806, de l'expédition qui fit la conquête rapide du royaume de Naples, et s'y trouva fixé pendant quelques années avec un grand nombre de Français que leur gouvernement autorisa à prendre du service dans ce pays et qui surent y introduire un régime non pas plus libre, mais du moins plus éclairé.

Il avait trente ans à peine lorsqu'une mission de la plus haute importance lui fut confiée. Corfou, dont nous étions maîtres, était menacée et bloquée par les flottes britanniques ; un grand approvisionnement de blé avait été expédié des ports de l'Adriatique, et cependant, par suite soit de captures, soit de dilapidations, on annonçait que les munitions de bouche manquaient dans cette île. C'est à M. Vauchelle que le gouvernement de Naples, ou plutôt celui de France, confia le soin d'aller reconnaître sur place l'approvisionnement, de vérifier s'il était complet, et, s'il existait un déficit, de constater les causes réelles qui l'avaient produit.

Il s'embarque de nuit sur un frêle esquif, et traverse heureusement la croisière anglaise, il commence et termine avec succès sa mission. Mais à peine sorti du port, il tombe entre les mains d'ennemis plus dangereux encore, de forbans turcs qui le dépouillent et le jettent sur les côtes inhospitalières de l'Epire, où dominait alors ce féroce pacha de Janina, près duquel récemment encore des officiers français n'avaient trouvé que les cachots, les tortures et la mort.

Mais, heureusement, la politique des pachas a ses retours comme la guerre. La France, devenue l'alliée de la Turquie, était représentée dans ce pays par un consul illettré, mais énergique, et le pacha, s'exprimant par l'organe d'un ignorant Italien qui mêle confusément ses souvenirs mythologiques avec l'histoire contemporaine, écrit aux officiers du roi de France Apollon que, prenant en considération la grande amitié qui unit Apollon et le grand Sultan, ils sont libres de retourner au pays d'où ils sont venus.

Il put donc à grand'peine revenir à Naples où d'importants services, qui lui furent successivement confiés, lui valurent en peu de temps le haut grade d'ordonnateur. Il exerçait cette fonction dans les Calabres, lorsqu'il se présenta une circonstance malheureuse, qui lui donna l'occasion de déployer toute l'énergie de son caractère.

Le roi Joachim méditait la conquête de la grande île limitrophe de l'Italie, et voulait réaliser le titre qu'il prenait de roi des Deux-Siciles. Des troupes françaises et napolitaines étaient campées sur les rives du détroit n'attendant que le signal. Ce signal est donné; à sa vue, une partie des troupes s'embarque et descend heureusement sur l'île attaquée. Mais les corps les plus nombreux ne l'ont pas aperçu et sont restés immobiles. La flotte anglaise accourt et l'expédition est manquée. De vives mésintelligences éclatent; des plaintes graves se font entendre. Une partie de l'armée accuse l'autre; des généraux inculpent l'Administration militaire. Le nom de Vauchelle est mêlé à ces rumeurs d'autant plus terribles qu'elles sont encore plus sourdes et plus confuses. Celui qui le portait ne put subir cette situation équivoque et cruelle où l'honnête homme indigné n'ignore pas qu'on l'accuse, et ne trouvant personne qui lui parle à voix haute, se trouve dans l'impossibilité de répondre. Contre des accusations obscures, il voulut une réparation éclatante. Un jour, le roi et la reine se promenant, passaient en voiture dans la campagne voisine de Naples; il se précipite à la tête des chevaux et les arrête en faisant retentir, d'une voix énergique, ce cri qui fut souvent celui de l'innocence opprimée : Des juges! des juges! Quelques jours après, justice lui était faite; il était avancé en grade et nommé aux plus hautes fonctions auxquelles il put alors aspirer, celles d'ordonnateur en chef de l'armée.

Les événements de 1814 et de 1815 en le ramenant en France,

où régnait une autre dynastie, pouvaient briser sa carrière, mais heureusement il appartenait à l'une de ces classes de serviteurs de l'Etat qui, étrangers à la politique générale, aux oscillations politiques et aux mouvements des partis, peuvent loyalement servir les gouvernements les plus divers qui, tant qu'ils règnent, personnifient toujours le pays. Son expérience, son zèle, son intégrité le firent rechercher des ministres qui, responsables devant les Chambres comme devant la nation, devaient chercher à s'entourer de capacités éprouvées. Aussi, lorsque le maréchal Gouvion Saint-Cyr réorganisa l'armée et nomma une commission pour refondre les réglements qu'il fallait mettre en harmonie avec nos institutions nouvelles, M. Vauchelle, dont la réputation l'avait suivi en France, fut désigné à l'unanimité pour diriger le travail et en fut nommé rapporteur.

Personne assurément ne pouvait enseigner mieux que lui l'administration militaire. Nommé bientôt après professeur à l'Ecole d'Etat-major, c'est surtout à ses leçons que nous devons ce Cours d'administration, livre devenu classique pour les officiers spéciaux, et qui devrait l'être pour tous ; livre où les étrangers étudient nos institutions militaires, et qui, quelque sort que réserve l'avenir au maniement de nos armes, à la tactique de nos armées, à notre organisation sociale tout entière, restera toujours comme l'œuvre de Végèce et de Polybe, un monument historique où la postérité verra comment, à une époque tour à tour pacifique et guerrière, et où nous avons essayé les régimes les plus divers, depuis la monarchie la plus illimitée jusqu'à la démocratie la plus absolue, se formait, se conservait, se renouvelait l'armée française non moins digne que l'armée romaine de servir aux autres de type et d'exemple.

Ce Cours d'administration fut pour lui l'objet d'une démonstration non moins singulière qu'inattendue.

On raconte que de riches amateurs des arts ont quelquefois dédaigné une jouissance qui n'eût pas été exclusive ; que dans ces vastes théâtres destinés à la foule, ils ont voulu rester seuls pour satisfaire leurs oreilles et leurs yeux des charmes d'une composition brillante pour laquelle leurs applaudissements auraient eu moins de prix s'ils eussent été partagés.

Un ministre de la Guerre, M. de Bourmont, voulut se donner ce plaisir avec M. Vanchelle. Il le fit appeler et voulut qu'il lui fît un soir une leçon absolument semblable à celles que chaque jour il prononçait devant ses élèves. Il l'écouta jusqu'à deux heures du matin, il n'applaudit pas précisément parce que ce n'était point une représentation frivole, mais il lui adressa ces remerciements et ces éloges si flatteurs pour le professeur comme pour le soldat, et des observations judicieuses qui en relèvent le prix.

Il quitta Paris bientôt après pour remplir les fonctions de son grade d'intendant militaire dans une grande place, boulevard de la frontière du Rhin, qui semblait alors menacée. Il y séjourna quelques années, et les journaux du pays attestent que son salon « fut le rendez-vous des lettres, des arts et de l'esprit ». Il revint près de nous sur l'appel d'un illustre maréchal qui l'attacha à son ministère, et qui, lorsque l'âge fatal de la retraite eut sonné, voulut qu'il servît encore en dehors des cadres de l'armée. Le temps en effet avait respecté, semblait même avoir agrandi son intelligence et ses forces. Nommé successivement maître des Requêtes et Conseiller-d'Etat, chef de la division, et Directeur des affaires de l'Algérie, il suffisait sans peine à ces doubles fonctions. Partant de Versailles à la première heure, n'y rentrant que tard, ne connaissant pas un seul jour de repos, il prit une part active tant à l'impulsion énergique donnée alors à l'armée, qu'à ces opérations vigoureuses et à cette organisation difficile auxquels nous devons cette terre d'Afrique, qui nous a déjà donné avec abondance son blé dans nos disettes, pépinière plus féconde encore de soldats invincibles et de généraux qui, dans quelque terre et quelque position que le sort les place, savent illustrer le nom français, défendre et agrandir la patrie.

Dès cette époque, s'agitait dans les Conseils du pouvoir comme dans une Presse libre, le problème difficile de la prééminence dans le pays conquis du régime militaire sur le régime civil. Il semble que, formé dès sa jeunesse à l'obéissance passive qui doit régner dans les camps, l'esprit militaire eût dû exercer sur le caractère décidé de M. Vauchelle un attrait invincible ; mais, soit puissance de sa haute raison, soit influence de ces institutions sous lesquelles le citoyen n'est esclave que de la loi, il pensait que l'élément militaire doit être essentiellement transitoire, et la Presse africaine a constaté que les réglements rendus sous son inspiration tendirent, autant que possible, à développer la colonisation civile et à dégager les intérêts pacifiques des liens sous lesquels ils se plaignirent trop souvent d'être enchaînés.

La démission du maréchal Soult lui parut commander la sienne. En 1845, il quitta le Ministère de la Guerre, mais en y laissant, comme au Conseil-d'Etat, de précieux souvenirs dont il ne profita que pour rendre des services sans nombre à des concitoyens et surtout à d'anciens militaires qui ne pouvaient trouver un plus zélé et plus utile appui.

Le moment du repos semblait être arrivé pour lui, et il commençait à s'y livrer avec bonheur; mais il est des époques difficiles où les sociétés menacées font appel à toutes les capacités et à tous les dévouements. C'est ainsi que des élections libres et spontanées le placèrent au Conseil municipal, et que le choix du pouvoir vint bientôt après l'appeler à la mairie.

N'exagérons pas cependant, outre mesure, les difficultés du temps. Si l'horizon politique était orageux, si dans d'autres pays paraissaient s'agiter des idées et des actions menaçantes, M. Vauchelle n'eut ici ni à braver ni à réprimer l'émeute; il fut heureux d'y trouver une population naturellement calme, où les pensées honnêtes et paisibles furent toujours dominantes, où les sentiments de la raison et de la justice ne trouvèrent jamais de résistance opiniâtre et invincible. Il sut les mettre en œuvre. Dans ses rapports avec l'autorité centrale, avec le Conseil municipal, avec la garde nationale, qui alors était aussi une puissance, il sut maintenir ses droits sans attenter à ceux des autres, concilier les exigences de l'autorité avec celles d'une liberté presque sans limites ; il sut être ferme et paternel à la fois avec ses administrés, et conquérir ainsi un ascendant et une popularité d'autant plus vrais et plus durables qu'ils ne tenaient ni de l'abus de la force ni des concessions de la faiblesse.

C'est là qu'en décembre 1851, le journal officiel lui apprit sa nomination aux fonctions de membre de la Commission consultative chargée de procéder au recensement des votes recueillis en vertu des décrets du même mois. Un spirituel écrivain qui croit, dit-il, avoir pris une grande part à ces événements, a prétendu, dans les mémoires qu'il a publiés de son vivant, que, portées sur la liste du premier jour, un certain nombre de personnes effrayées ou mécontentes ont décliné cet honneur, mais qu'en revanche d'autres, qui ne s'y trouvaient pas, ont demandé ardemment, quelques jours après, la faveur d'être placées sur la seconde. Cette observation maligne mit à M. Vauchelle la plume à la main, et il a tenu à consigner, dans une note jointe au numéro du *Moniteur*, qu'il n'avait ni recherché ni refusé cet honneur, qu'il eut encore celui d'être élu président de son bureau et qu'il n'en sollicita point d'autre.

Il cessa, quelque temps après, malgré les vives instances de l'autorité, d'être Maire de Versailles, et rentra dans la vie privée. Elle était loin cependant d'être complète. Élu tout récemment encore au Conseil-Général, membre du Conseil municipal, où la dernière élection l'a fait rentrer au premier rang, membre honoraire de plusieurs Sociétés de Secours mutuels, il savait apporter partout le tribut de ses lumières, de son expérience, de son zèle inépuisable. Partout aussi sa voix était écoutée avec déférence et respect. Le sort et le bien-être de ses vieux compagnons d'armes était surtout l'objet de sa sollicitude; elle l'a occupé jusqu'à ses derniers moments. Mais, du moins, il pouvait aussi vivre pour lui. Il pouvait combler l'intervalle trop court entre l'activité d'une vie bien remplie et le repos auquel Dieu nous destine, tantôt dans le charme d'une conversation toujours pleine d'intérêt, tantôt dans une nouvelle culture de ces études littéraires qui rendent, à un âge avancé, les souvenirs, les jouissances, la fraîcheur des premières années! Ne perdant jamais de vue l'amélioration de son grand ouvrage, se délassant tour à tour dans la lecture, soit d'un livre religieux, soit d'œuvres moins sérieuses, mais dans lesquelles le récit d'un trait touchant excitait sa sensibilité jusqu'aux larmes, les interrompant pour la traduction d'ouvrages étrangers et pour la composition de poésies dont la nouvelle école ne revendiquera pas la facture, mais qui offrent, dans un style pur, des leçons de raison et de patriotisme, il attendait de sang-froid la mort qui, trop subitement pour nous, est venue le frapper. On peut dire qu'il a été heureux; que lui a-t-il en effet manqué pour l'être? Dieu ne lui a pas accordé de fils pour perpétuer son nom, mais il lui a donné un bien inestimable, une compagne digne de lui. Sa piété filiale méritait bien ce bonheur. C'était à sa mère, atteinte par des revers de fortune, qu'il envoyait le produit de ses travaux; et, près de terminer sa carrière, cette mère a voulu d'une main défaillante constater toute l'étendue des sacrifices que son fils avait faits pour elle, et elle terminait par ces mots : « Dieu, pour te récompenser de ta piété filiale, mon cher fils, t'a fait le don le plus précieux, c'est ta femme. »

M. Vauchelle n'a pas seulement goûté ce bonheur, il en a ressenti un autre bien rare, celui d'avoir des amis. Des moralistes modernes ont prétendu que sous l'influence des liens de la famille, que le christianisme a rendus si intimes et si sacrés, nous ne pouvions plus rencontrer de ces amitiés fortes et durables dont l'antiquité nous avait offert des modèles. Ces assertions chagrines ont été démenties sous nos yeux, et nous avons pu voir que l'union la plus douce n'exclut point d'autres sentiments également profonds, éclos instinctivement dans la jeunesse soit par la sympathie, soit quelquefois même par le contraste des caractères, cimentés par une estime mutuelle et perpétués jusqu'au dernier jour par le désintéressement, la pureté et la chaleur de l'amitié.

Faut-il donc s'étonner que sa mort ait fait éprouver à des cœurs aimés la douleur que lui-même avait quelquefois ressentie? Faut-il s'étonner que sa perte ait été déplorée par tous les citoyens, depuis le plus élevé jusqu'au plus modeste, et que les classes populaires, qu'il n'a jamais flattées, aient voulu porter elles-mêmes sa dépouille mortelle au tombeau? Cette manifestation touchante a jusqu'ici, nous le pensons, été unique. Mais la noble et complète existence de celui qui en fut l'objet l'explique et la justifie. Versailles, cité nouvelle, ne peut se glorifier encore d'une longue suite de magistrats populaires; cependant, les noms de Richaud et de Jouvencel survivent, toujours illustrés par le courage intrépide contre les piques d'une émeute sanglante ou contre l'oppression de l'invasion étrangère. Tant que la fermeté du caractère, le patriotisme, l'intégrité, le dévouement infatigable seront ici considérés comme des vertus, le nom de Vauchelle y restera, et ses successeurs les plus éloignés se le rappelleront pour y trouver aussi un encouragement et un exemple.

IMPRIMERIE D'AUGUSTE MONTALANT, 6, AVENUE DE SCEAUX.

www.ingramcontent.com/pod-product-compliance
Lightning Source LLC
Chambersburg PA
CBHW070440080426
42450CB00031B/2739